La honestidad

por Kelli L. Hicks

Consultores de contenido:
Melissa Z. Pierce, L.C.S.W.
Sam Williams, M.Ed.

WITHDRAWN

rourkeeducationalmedia.com

www.rourkeeducationalmedia.com

Melissa Z. Pierce is a licensed clinical social worker with a background in counseling in the home and school group settings. Melissa is currently a life coach. She brings her experience as a L.C.S.W. and parent to the *Little World Social Skills* collection and the *Social Skills and More* program.

Sam Williams has a master's degree in education. Sam Williams is a former teacher with over 10 years of classroom experience. He has been a literacy coach, professional development writer and trainer, and is a published author. He brings his experience in child development and classroom management to this series.

PHOTO CREDITS: Cover: © Sean Locke; page 3: © Nicole S. Young; page 5: © digitalskillet; page 6: © Wuka; page 7: © Dejan Ristovski; page 9: © Doug Berry; page 11: © Dmitriy Shironosov; page 13: © Rmarmion; page 15: © Joshua Hodge Photography; page 17: © Chris Bernard; page 19: © kristian sekulic; page 21: © Agnieszka Kirinicjanow

Illustrations by: Anita DuFalla
Edited by: Precious McKenzie
Cover and Interior designed by: Tara Raymo
Translation by Dr. Arnhilda Badía

Hicks, Kelli L.
La honestidad / Kelli L. Hicks
ISBN 978-1-63155-102-4 (hard cover - Spanish)
ISBN 978-1-62717-373-5 (soft cover - Spanish)
ISBN 978-1-62717-557-9 (e-Book - Spanish)
ISBN 978-1-61810-132-7 (hard cover - English)(alk. paper)
ISBN 978-1-61810-265-2 (soft cover - English)
ISBN 978-1-61810-391-8 (e-Book - English)
Library of Congress Control Number: 2014941405

Also Available as:

ROURKE'S
e-Books

Rourke Educational Media
Printed in the United States of America,
North Mankato, Minnesota

Rourke
Educational Media

rourkeeducationalmedia.com

customerservice@rourkeeducationalmedia.com • PO Box 643328 Vero Beach, Florida 32964

¿Qué dices si tu mamá te pregunta: "¿Te comiste una galleta antes de la cena?" y la **verdad** es que lo hiciste?

¿**Responderías** con honestidad? Cuando eres **honesto** dices la verdad, no importa lo que ocurra.

Si derramas jugo en el suelo,
salpicas y se hace un gran **charco**,
dile a un adulto lo que hiciste y
ayuda a limpiarlo.

Cuando estés en la escuela, haz tu propio trabajo aunque cometas **errores**. Todo el mundo comete errores.

Cuando encuentres algo que no te pertenece, no te quedes con el objeto. Sé honesto y trata de encontrar a quién se le perdió.

A veces es difícil ser honesto. Puedes sentir miedo a decir la verdad. Nadie quiere meterse en problemas.

Tú demuestras un carácter firme cuando dices la verdad.

Decir la verdad hace que los demás se sientan **orgullosos** de ti. Esto les demuestra que pueden confiar en ti.

Prueba de honestidad

¿Eres honesto? Responde a estas preguntas para saberlo.

1. ¿Dices siempre la verdad? ◯ sí ◯ no

2. Si encuentras algo que no es tuyo, ¿lo devuelves? ◯ sí ◯ no

3. ¿Haces tu propio trabajo? ◯ sí ◯ no

4. ¿Los demás confían en que vas a tomar una buena decisión? ◯ sí ◯ no

5. ¿Arreglas tu propio desorden? ◯ sí ◯ no

Se necesita fuerza y coraje para ser honesto pero, ¡tú puedes hacerlo!

Ser honesto te hace sentir bien contigo mismo.

Glosario ilustrado

charco:
Una pequeña cantidad de agua
o algún otro líquido.

error:
Cuando hay un mal entendido o te
equivocas.

honestidad:
Una cualidad de alguien que no
miente, roba o engaña.

orgulloso:
Cuando estás satisfecho o feliz por algo que tú o alguien ha hecho.

respuesta:
Cuando dices algo para contestar a otra persona o das solución a un problema.

verdad:
Cuando dices todo lo que ha sucedido realmente.

Índice

Páginas web

www.k12.hi.us/~mkunimit/honesty.htm

www.tellitagan.com/

www.storiestogrowby.com/choose.php

Acerca de la autora

Kelli L. Hicks es una hogareña sincera que ama a sus hijos Mack y Bear, a su esposo y a su cobrador dorado, Gingerbread. Ella es honesta cuando la sorprenden comiendo galletas antes de la cena.

Ask The Author!
www.rem4students.com